Swift kinderleicht erklärt

Michael Tessin

Swift kinderleicht erklärt

Band 1: Grundlagen

Ein Lehrbuch zum Programmieren
(nicht nur) für Kinder

Impressum

2. Auflage September 2016

ISBN-13: 978-1537431765
ISBN-10: 1537431765

Verlag: CreateSpace Independent Publishing

Vorwort

Ich freue mich sehr, dass du dich dafür interessierst, programmieren zu lernen. Programmieren ist eine tolle Sache. Wenn du noch keine Vorstellung davon hast, was eine Programmiersprache ist, dann ist dieses Buch genau richtig für dich. Ich fange nämlich *ganz von vorne* an. Du musst also keine Angst haben vor den vielen Fachausdrücken und englischen Wörtern. Wir starten „ganz klein“ und arbeiten uns Schritt für Schritt voran in die Welt der Computerprogrammierung. Das einzige was du brauchst, ist ein Computer mit Internet und dieses Buch, und vielleicht deine Eltern, deine größeren Geschwister oder Freunde, die dir bei der einen oder anderen Stelle weiterhelfen können, wenn mal etwas nicht so recht funktioniert.

Du lernst in diesem Buch das Programmieren mit Hilfe der Sprache „Swift“. Diese wurde von der Firma Apple[1] im Jahr 2015 erfunden und gilt als eine der modernsten Programmiersprachen.

Das Buch heißt „Swift kinderleicht erklärt“, was bedeuten soll, dass ich „von Null“ anfange, also keinerlei Vorkenntnisse von dir erwarte. Ich habe mir vorgenommen, wenige Fachausdrücke zu

[1] Apple ist eine Firma in den USA, die z. B. das iPhone oder den Mac herstellt.

verwenden. Und wenn, dann erkläre ich sie dir in aller Ausführlichkeit. Du sollst ja beim Lesen dieses Buches auch viel lernen. Manchmal benutze ich Fußnoten, wie auch auf Seite 6. Eine Fußnote erkennst du an einer kleinen Zahl am Ende eines Wortes. Dann kannst du unten auf der Seite eine Erklärung zu diesem Wort finden. Aber das kennst du vielleicht schon auch aus anderen Büchern, oder?

Äh, und du weißt ja: Jeder macht mal Fehler. Wahrscheinlich habe auch ich versehentlich ein paar in dieses Buch eingebaut. Schau deshalb bitte gleich mal im Internet unter der Adresse http://swift.michael-tessin.de nach, ob schon die ersten Fehler gefunden worden sind. Auf der Internetseite kannst du auch selbst Fehler melden, Verbesserungsvorschläge machen, aber auch Fragen an mich stellen, z. B. wenn du mal etwas nicht verstanden hast. Ich erhalte dann eine Nachricht und werde dir so schnell wie möglich antworten!

Und schau doch auch mal auf meiner Facebook-Seite vorbei, wenn du Lust hast (www.facebook.com/swiftbuch).

Ich wünsche dir viel Spaß beim Programmieren mit Swift!

Herzliche Grüße,

Inhaltsverzeichnis

Teil 1 Einleitung

Dieses Buch besteht aus drei Teilen. Der erste besteht aus einer Einleitung. Hierin erfährst du, was Programmieren eigentlich ist. Außerdem erkläre ich dir, warum ich Swift als Programmiersprache gewählt habe. Zum Schluss gehen wir auf die Suche nach einer sogenannten Entwicklungsumgebung, also ein Werkzeug, mit dem du deine Programme schreiben und ausführen lassen kannst.

Im zweiten Teil dieses Buches wirst du die Programmiersprache Swift lernen und mit ihr allmählich an das Programmieren herangeführt. Du lernst zunächst die Grundlagen und schreibst einige einfache Programme. Ganz systematisch lernst du immer mehr dazu und vertiefst deine Programmierkenntnisse durch kleine Übungen. Dafür musst du hin und wieder ein paar Zeilen Programmcode schreiben und kannst deine Lösung mit meiner Lösung vergleichen, die du am Ende des Buches finden kannst.

Der dritte und letzte Teil des Buches enthält einen Ausblick. Hier stellen wir uns die Frage, wie es weitergeht. Wenn du das Programmieren mit Swift gelernt hast, wirst du sicher Lust haben, eigene Programme zu schreiben.

1.1 Was ist Programmieren?

Wenn du das Wort **Computerprogramm** hörst, denkst du vielleicht an so etwas wie das Betriebssystem Windows, an das Textverarbeitungsprogramm deiner Eltern (z. B. Word) oder an ein Programm zum Anzeigen und Bearbeiten von Fotos (z. B. Photoshop).

Das sind natürlich alles tolle Programme, aber mächtig große. Bis derartige Software[2] verkauft werden kann, müssen viele Jahre lang bis zu hunderte von Menschen fleißig programmieren. Dabei entstehen viele Millionen Programmzeilen (genannt „lines of code“). Du wirst verstehen, dass deine ersten Programme aus nur wenigen Zeilen bestehen werden. Ein Programm mit nur einem Dutzend Zeilen kann aber bereits die tollsten Funktionen realisieren.

Um eine schicke App[3] für dein Smartphone oder sogar ein actionreiches Spiel zu programmieren, braucht man schon ein wenig mehr Kenntnisse. Jeder noch so erfolgreiche Programmierer musste mal klein anfangen, genauso wie ein Rock-Musiker vielleicht mit einer Blockflöte angefangen hat, oder ein Gewichtheber mit einer kleinen Hantel.

---

[2] Der Ausdruck „Software“ ist ein Kunstwort, das von John W. Tukey im Jahr 1958 in einer Zeitschrift als Gegenstück zu dem wesentlich älteren Wort „Hardware“ das erste Mal verwendet wurde. Dabei bezeichnet Hardware alle physischen Bestandteile eines Computers. Unter Software verstehen wir dagegen alle elektronisch in der Hardware gespeicherten Programme und Daten.

[3] Obwohl sich der Begriff App (ausgesprochen wie „epp“) als Abkürzung von dem englischen Begriff Application Software auf jegliche Art von Anwendungssoftware bezieht, sind im deutschen Sprachraum meist Anwendungen für Smartphones (z. B. iPhone) und Tablet-Computer (z. B. iPad) gemeint.

„Geduld haben du musst!“
sagte auch schon Yoda
in „Das Imperium schlägt zurück“.

Deshalb musst du ein wenig Geduld haben und solltest dich über die kleinsten Erfolge freuen, z. B. wenn dein erstes längeres Programm ohne Fehler funktioniert, oder wenn du eine tolle Idee hast, wie man eine Programmieraufgabe elegant lösen kann. Ich verspreche dir, das macht richtig viel Spaß!

Lass uns anfangen, zu lernen! Als erstes fragen wir uns, was Programmieren eigentlich ist. Okay?

Ein Computer für sich betrachtet ist nicht sehr intelligent. Ein Computer besteht im Grunde genommen nur aus einer Vielzahl kleiner elektronischer Schalter, die entweder ein- oder ausgeschaltet sind. Durch unterschiedliche Kombinationen dieser Schalter erreicht man, dass ein Computer eine bestimmte Aktion ausführt, z. B. etwas auf dem Bildschirm anzeigt oder einen Ton wiedergibt. Das ist es, worum es bei Programmierung eigentlich geht – dem Computer mitzuteilen, was er zu tun hat.

Zu wissen, welche Kombination von Schaltern den Computer veranlasst, eine gewünschte Aktion durchzuführen, ist natürlich eine nahezu unmögliche Herausforderung – und das ist der Punkt, an dem Programmiersprachen ins Spiel kommen.

Menschen drücken sich mithilfe von Sprachen aus, die viele Wörter besitzen. Computer verwenden eine sehr einfache Sprache, die nur aus Nullen und Einsen besteht. 0 bedeutet "aus", und 1 bedeutet "an". Der Versuch, mit einem Computer in seiner eigenen Sprache zu sprechen, ähnelt dem Versuch, mit einem Freund per Morsezeichen zu kommunizieren. Es ist möglich, aber viel zu kompliziert!

Eine **Programmiersprache** ist so etwas wie ein Übersetzer zwischen dir und dem Computer. Anstatt die computereigene Sprache (die sogenannte Maschinensprache) zu erlernen, verwendest du eine Programmiersprache, um dem Computer auf leichter erlernbare und gleichzeitig besser verständliche Weise seine Anweisungen zu geben.

Ein spezielles Programm (der so genannte Compiler) übersetzt die Anweisungen aus der Programmiersprache (den sogenannten Quelltext) in ein ausführbares Programm (in Maschinensprache).

Folgendes Bild verdeutlicht diesen Satz noch einmal. Schau es dir bitte einmal genau an, bevor ich es dir erkläre!

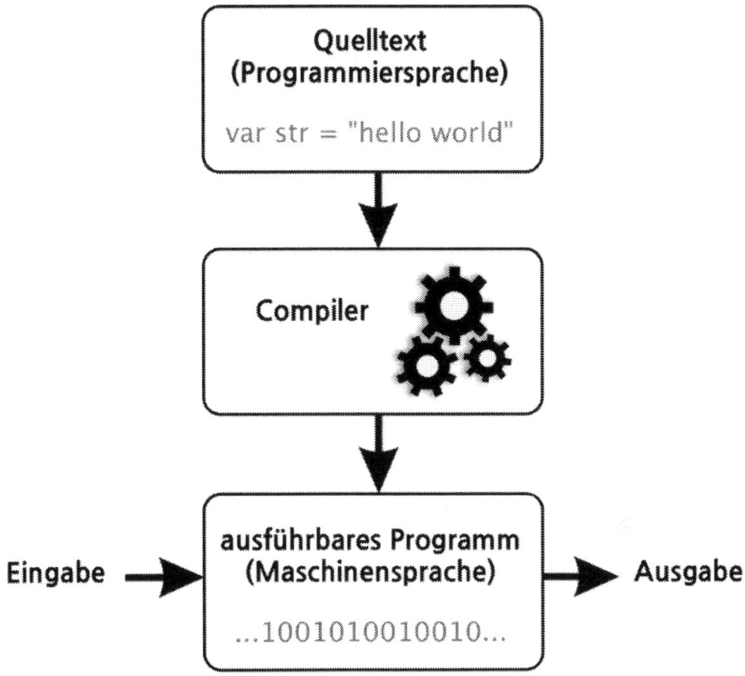

Oben im Bild ist der Quelltext dargestellt, den du in der Programmiersprache als lesbaren Text geschrieben hast. Wenn der Quelltext fertig ist, kannst du ihn mit dem Compiler in Maschinensprache übersetzen lassen. Das entstandene ausführbare Programm kann der Computer verarbeiten.

Ein ausführbares Programm kann Eingaben (z. B. über die Tastatur oder die Maus) entgegennehmen, um diese zu verarbeiten. Die Ergebnisse dieser Verarbeitung können ausgegeben werden (z. B. auf dem Bildschirm, in eine Datei, auf einen Drucker usw.).

Das bedeutet, dass du als Programmierer nicht wissen musst, wie das ausführbare Programm in Maschinensprache aussieht. Dabei handelt es sich nämlich um eine dir unverständliche Folge von Einsen und Nullen, die nur der Computer versteht. Du musst lediglich wissen, wie die Programmiersprache funktioniert, um den Quelltext dafür schreiben zu können.

Okay, das war jetzt vielleicht ein bisschen viel auf einmal? Keine Panik, eigentlich sind es nur fünf Begriffe, die du soeben gelernt hast:

- Quelltext:
  Du schreibst deine Programme zunächst in einer lesbaren Sprache, in der Programmiersprache. Dieser Text heißt Quelltext[4] und muss erst noch vom Compiler in Maschinensprache übersetzt werden, bevor das Programm ausgeführt werden kann.

- Programmiersprache:
  Der Quelltext deiner Programme ist in der Programmiersprache geschrieben, weil die Maschinensprache, die der Computer versteht, überhaupt nicht gut lesbar ist.

- Compiler:
  Der Compiler übersetzt den Quelltext aus der Programmiersprache in die Maschinensprache und erzeugt das ausführbare Programm.

[4] Anstelle von „Quelltext" wird gerne auch der englische Begriff „source code" verwendet.

- Maschinensprache:
  Ausführbare Programme bestehen aus Maschinensprache, einer Folge von Nullen und Einsen, die der Computer versteht.

- Ausführbares Programm:
  Wenn dein Quelltext fehlerfrei vom Compiler übersetzt werden konnte, wird ein ausführbares Programm erzeugt, das in Maschinensprache vorliegt, die der Computer verstehen und verarbeiten kann.

Schau dir nochmal das Bild auf Seite 15 an. Darin findest du alle diese Begriffe wieder. Eigentlich doch gar nicht so kompliziert, oder?

1.2 Warum Swift?

Du fragst dich vielleicht, warum ich gerade Swift ausgewählt habe, um dir das Programmieren zu erklären? Ganz einfach: Ich halte Swift z. Z. für eine der modernsten Programmiersprachen. Es gibt viele andere Bücher, mit denen man Programmieren lernen kann. Die meisten verwenden Python, Ruby oder auch Java - nur um einige zu nennen. Das sind alles hervorragende Sprachen[5]. Ich bin seit 2014, als Apple seine neue Programmiersprache zum ersten Mal vorgestellt hatte, Fan von Swift[6].

Das Logo von Swift.

Swift ist „Open Source“, was so viel bedeutet, dass es auch von anderen Herstellern benutzt werden kann. Es ist zu erwarten, dass Google es bald ermöglichen wird, dass man sogar Android-Apps außer mit der bekannten Programmiersprache Java auch mit Swift entwickeln können wird. Java ist mittlerweile in die Jahre gekommen und bei der Ausführung eher langsam und an vielen Stellen problematisch, insbesondere was das Speichermanagement angeht.

---

[5] Eine Liste der 10 wichtigsten Programmiersprachen findest du in Band 2 (Das Buch „Swift kinderleicht erklärt – Band 2: Objektorientierung“ von Michael Tessin erscheint Ende 2016 bei Amazon).

[6] Mittlerweile gibt es die verbesserte Version 2.2, und noch in 2016 soll Swift 3 vorgestellt werden.

Programme, die in Swift geschrieben sind, können *sehr schnell* verarbeitet werden, was auch der Name schon andeuten soll, denn „swift“ bedeutet „schnell“.

Gegenüber Objective-C, die andere Programmiersprache von Apple (die es bereits seit den 1980er Jahren gibt!) ist Swift viel eleganter. Der Code ist kürzer und wesentlich besser lesbar als in Objective-C.

1.3 Das benötigst du bevor es losgeht

Ich stelle dir eine Umgebung vor, die du nutzen kannst, um den Quelltext deiner Programme einzugeben, übersetzen und ausführen zu lassen. Ich empfehle dir, die IBM Swift Sandbox zu verwenden, weil diese wirklich alles enthält, was du für dieses Buch benötigst.

Wenn du dir schon viel zutraust und keine Angst vor Englisch hast, dann ist vielleicht der Playground von Apple deine erste Wahl. Den Playground stelle ich dir im Teil 3 dieses Buches vor.

Aber nochmal von vorne: Wir brauchen zunächst eine „Umgebung", in der du deine Programme als Quelltext eingeben, übersetzen und ausführen kannst. Man sagt auch Entwicklungsumgebung (oder auf Englisch „development environment") dazu. Ohne diese Umgebung kannst du zwar den Quelltext für ein Programm auch mit jedem beliebigen Texteditor schreiben, aber du wirst es nicht ausführen können. Denn es fehlt der Compiler. Du erinnerst dich? Das ist das spezielle Programm, welches die Programmiersprache (in unserem Fall Swift) in Maschinensprache übersetzt.

Moderne Umgebungen machen einem Programmierer das Leben sehr leicht, indem es eine Funktion gibt, die das Übersetzen und Ausführen deines Quelltextes mit einem einzigen Mausklick erledigt. Diese Funktion steckt gewöhnlich in einem Menüpunkt oder einer Schaltfläche (englisch: „Button" für Knopf) und heißt „Ausführen" (englisch: „Execute"). Manchmal ist auch zusätzlich ein kleines dreieckiges Symbol dargestellt, um die Funktion auf dem Bildschirm schneller zu finden. Das Dreieck kennst du vielleicht von der Wiedergabetaste auf deinem CD-Spieler?

Die beste Alternative für alle, die keinen Apple Computer haben oder für die eine so mächtige Umgebung wie Xcode zu kompliziert ist, dürfte zur Zeit die „Swift Sandbox" von IBM sein.

In deinem **Internetbrowser**[7] kannst du nun schon mal die folgende Adresse eingeben. Damit du diese nicht immer wieder neu tippen musst, solltest du sie gleich mal unter deinen Favoriten bzw. Lesezeichen speichern[8].

https://swiftlang.ng.bluemix.net

„Sandbox" ist Englisch und steht für „Sandkasten". Das ist *keine* Anlehnung an den Begriff „Playground" (Spielplatz). Hinter diesem Begriff steckt etwas anderes: Er beschreibt vielmehr eine „abgeschirmte Umgebung". Denn dein Programm wird auf einem Computer bei IBM (einem sogenannten Server) übersetzt und ausgeführt, so dass sichergestellt sein muss, dass es keine unerlaubten Anweisungen enthält. In der Informatik bezeichnet man eine solche Umgebung gern als **Sandbox**.

Wenn du die Swift Sandbox im Browser aufgerufen hast, siehst du eine – verglichen mit Xcode – einfache Umgebung. Aber das ist

[7] Auf deinem Computer wirst du sicher einen der folgenden Internetbrowser finden: Microsoft Internet Explorer, Mozilla Firefox, Google Chrome, Apple Safari. (Es gibt natürlich noch andere, aber dies sind die am meisten verbreiteten.)

[8] Ich hoffe, du weißt wie man das macht? Bei jedem Browser geht das ein wenig anders. Beim Firefox z. B. musst du das Menü „Lesezeichen" öffnen und den Menüpunkt „Lesezeichen hinzufügen" auswählen.

auch geradezu perfekt: Denn mehr brauchen wir nicht, um Swift und das Programmieren mit Swift zu lernen!

Im linken Bereich des Browserfensters gibst du den Quelltext deines Programms ein. Unten in der Mitte siehst du ein Dreieck-Symbol. Das musst du anklicken, wenn das Programm ausgeführt werden soll. Hältst du den Mauszeiger über das Dreieck-Symbol, erscheint kurz der Text „Execute“. Das ist Englisch und bedeutet „ausführen“.

Dann wird der Quelltext von einem Compiler auf einem der vielen Server bei IBM übersetzt. Das ausführbare Programm läuft ebenfalls auf diesem Server bei IBM und erzeugt eine Ausgabe. Diese Ausgabe wird schließlich auf der rechten Seite des Fensters ausgegeben.

Darüber hinaus findest du im unteren Bereich des Fensters noch weitere Funktionen.

Da ist als erstes die Funktion „New“ (englisch für „Neu“). Klickst du mit der Maus darauf, kannst du den linken Bereich löschen, so dass du mit der Eingabe eines neuen Quelltextes beginnen kannst. Damit du nicht aus Versehen deinen Quelltext verlierst, erscheint zur Sicherheit folgendes Fenster:

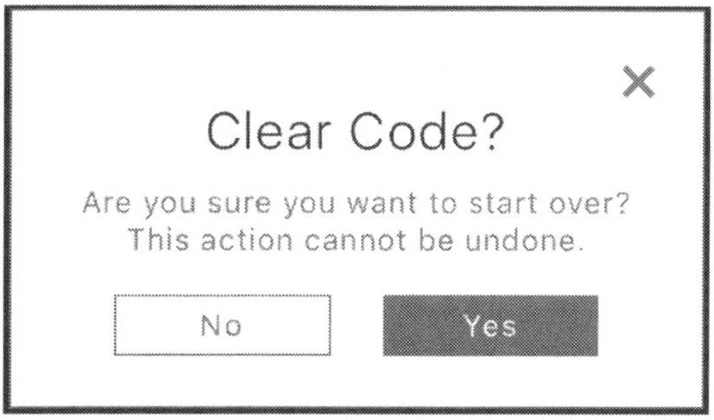

Darin steht übersetzt: „Quelltext löschen? Bist du sicher, dass du von vorn beginnen willst? Diese Aktion kann nicht rückgängig gemacht werden."

Du musst jetzt entscheiden, ob du das willst (dann Schaltfläche „Yes" für „ja" anklicken) oder nicht (dann Schaltfläche „No" für „nein" anklicken).

Als nächstes gibt es noch zwei sehr nützliche Funktionen, die gleich rechts daneben angeordnet sind: „Load Code" (lade Quelltext) und „Save Code" (sichere Quelltext). Das ist eine ganz tolle Sache, weil du den Quelltext deiner Programme damit speichern und verwalten kannst.

Natürlich kannst du den Text auch markieren und mit Hilfe der Zwischenablage kopieren und in eine Datei auf deinem eigenen Computer einfügen.

Wenn du die Internetseite mit der „Swift Sandbox" erneut aufrufst, wirst du als erstes gefragt, ob du den Entwurf vom letzten Mal wiederherstellen willst. Du kannst also jederzeit die Arbeit an deinem Quelltext abbrechen und später ohne weiteres fortsetzen. Ist das nicht bequem?

Die Frage, die du mit Nein bzw. Ja beantworten musst, erscheint wieder in einem Fenster:

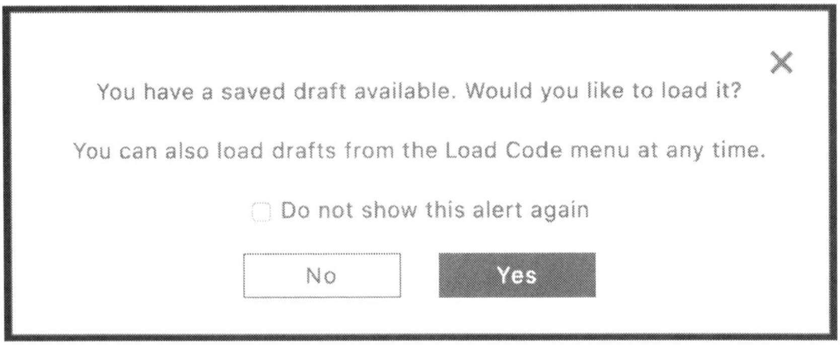

Ich übersetze wieder den Text: „Für dich steht ein gesicherter Entwurf bereit. Möchtest du ihn laden? Du kannst Entwürfe auch durch die Funktion „Load Code“ laden. (Willst du diese Meldung nicht erneut gezeigt bekommen, aktiviere das kleine Kästchen.)“

Das war in aller Kürze die Beschreibung der „Swift Sandbox“. Okay, ich gebe zu, das war erstmal wieder eine Menge komplizierter Informationen. Aber keine Angst, wenn du dir das nicht alles merken konntest - wir machen als nächstes eine kleine Übung, bei der du alles eben Gelernte anwenden wirst. Und dann werde ich das wichtigste nochmal ausführlich wiederholen!

Ich gehe davon aus, dass in der nächsten Zeit viele neue Umgebungen bereitstehen werden, mit denen man Swift-Programme entwickeln kann - sicher auch bald für Windows und Linux.

Ich hatte dir im Vorwort bereits einen Link zu meiner Homepage genannt. Schau doch einfach regelmäßig dort vorbei:

http://swift.michael-tessin.de

Wenn es Neuigkeiten zum Thema Swift und Umgebungen für die Programmierung in Swift gibt, werde ich diese dort bekannt geben!

Jetzt hast du schon mal eine tolle Umgebung zum Programmieren, die kostenlos ist und überall funktioniert, wo man einen Internet-Browser aufrufen kann (ganz egal ob Windows, Linux oder macOS, und egal ob Tablet, Notebook oder PC).

Es kann also losgehen.

Ich freue mich, dir beizubringen, wie man mit Swift programmiert!

Bereit?

Teil 2 Die Sprache „Swift“

In diesem Teil des Buches geht es darum, die Programmiersprache „Swift“ zu lernen, aber auch das Programmieren an sich. Denn die Art und Weise, wie man ein Programm in den Computer eingibt und ausführt ist fast immer die gleiche. Die Unterschiede, die man beachten muss, wenn man eine andere Programmiersprache benutzen möchte bzw. muss, sind manchmal nur sehr klein. Am Ende des Buches wird es dir leichtfallen, jede andere Programmiersprache zu erlernen. Also los!

2.1 Grundlagen

Es ist nicht so wichtig, welche Umgebung du eingerichtet hast, um deine Kommandos einzugeben. Es spielt keine Rolle, ob du die Swift Sandbox benutzt oder ob du dich doch schon an den Playground herangewagt hast. Du solltest jetzt allerdings in der Lage sein, am Computer Text einzugeben und der Umgebung zu sagen, dass dieser Text kompiliert und ausgeführt werden soll. Das werden wir gleich mal zusammen ausprobieren.

2.1.1 Dein erstes Programm

Vielleicht hast du schon davon gehört, dass die meisten Lehrbücher zu Programmiersprachen mit einem ganz bestimmten Programm beginnen, das „Hallo Welt!“ heißt[9]. Dieser Tradition möchte ich mich anschließen, so dass du jetzt dein erstes Programm schreiben wirst, welches nicht anderes macht, als den Text „Hallo Welt!“ auf dem Bildschirm auszugeben.

---

[9] Die Verwendung des Textes „Hello World!“, ist eine Tradition und geht auf ein Handbuch der Bell Laboratories (USA) über die Programmiersprache C zurück, das Brian Kernighan 1974 verfasst hatte.

Starte also die Umgebung[10] und gibt folgenden Text ein:

```
print ("Hallo Welt!")
```

Programm 1: Hallo Welt

Was die Klammern bedeuten und was es mit dem Kommando print auf sich hat, erfährst du später. Versuche erstmal nur, diesen Text einzugeben und von der Umgebung ausführen zu lassen. In der Swift Sandbox musst du dafür das Dreieck anklicken (Funktion „Execute", englisch für „ausführen").

Wenn alles geklappt hat, wird auf dem Bildschirm in einem Fenster neben deiner Eingabe folgendes erscheinen:

```
Hallo Welt!
```

Wenn das nicht geklappt hat, kann es daran liegen, dass du irgendwo einen Schreibfehler gemacht hast. Dann müsste entsprechend eine Fehlermeldung ausgegeben worden sein.

[10] Wenn du den Link zur Swift Sandbox noch nicht als Favorit in deinem Browser gespeichert hast, muss du nicht im Buch zurückblättern. Hier ist er nochmal: https://swiftlang.ng.bluemix.net

An dieser Stelle ärgerst du dich vielleicht, dass die Umgebung in englischer Sprache gehalten ist, und dass die Fehlermeldungen in Englisch ausgegeben werden. Vieles wirst du nicht auf Anhieb verstehen. Aber ich verspreche dir, dass du ziemlich schnell verstehen wirst, was in deinem Quelltext eventuell noch falsch ist, so dass vom Compiler kein ausführbares Programm erzeugt werden konnte.

Am besten versuchst du die Fehlermeldung zu übersetzen. Es gibt viele Seiten im Internet, auf denen man Text von englisch nach deutsch übersetzen lassen kann. Ich verwende zum Beispiel gern „translate.google.de". (Das ist schnell zu tippen, so dass man nicht einmal einen Favoriten dafür speichern muss.)

Ich gehe einfach davon aus, dass dein erstes Programm funktioniert hat, und dass du jetzt die Ausgabe „Hallo Welt!" angezeigt bekommst.

Wie immer im Leben gilt auch hier: „Aus Fehlern lernt man." Deshalb lass uns jetzt *absichtlich* einen Fehler in dein Programm einbauen: Wir löschen die schließende Klammer aus dem Quelltext, so dass der Quelltext jetzt so aussieht:

```
print ("Hallo Welt!"
```

Wenn du jetzt das Programm ausführen lassen willst, kommt es beim Übersetzen zu einem Fehler:

```
swift-build: error: exit(-2128375952):
/swift/bin/swift-build-tool -f /swift-
execution/.build/debug.yaml
ERROR at line 4, col 21: expected ','
separator
print ("Hallo Welt!"
                    ^
                    ,
ERROR at line 5, col 1: expected
expression in list of expressions
^
ERROR at line 4, col 21: expected ','
separator
print ("Hallo Welt!"
                    ^
                    ,
```

Huch, so viel Text! Schauen wir uns mal in Ruhe an, was der Compiler uns damit sagen will.

Die ersten Zeilen kannst du getrost überlesen. Hier wird nur ausgedrückt, dass beim Kompilieren ein Ausstieg (englisch „exit“) stattgefunden hat:

```
swift-build: error: exit(-2128375952):
/swift/bin/swift-build-tool -f /swift-
execution/.build/debug.yaml
```

Interessant wird es nach dem Schlüsselwort „ERROR“ (englisch für „Fehler“). Wir erkennen auch, dass es offenbar gleich mehrere Fehler gibt, mit denen der Compiler nicht klarkommt: Der erste tritt in Zeile 4 (line 4), in der Spalte 21 (column 21) auf:

```
ERROR at line 4, col 21: expected ','
separator
print ("Hallo Welt!"
                    ^

                    ,
```

Du kannst die Zeilen kopieren und im Google-Übersetzer (translate.google.de) einfach mal übersetzen lassen:

Der Compiler erwartet in Spalte 21 also einen „Komma-Separator“ (Separator bedeutet „Trennzeichen“). Du musst jetzt noch nicht verstehen, warum der Compiler ein Komma erwartet und nicht die geschlossene Klammer. Es reicht an dieser Stelle erstmal, wie du erkennen kannst, dass ein Fehler aufgetreten ist, und wie man die entsprechende Position im Quelltext aufspüren kann.

Die anderen Fehler hängen übrigens damit zusammen, dass wir im Quelltext die geschlossene Klammer entfernt haben. Auch wenn es eigentlich nur *ein* Fehler ist, kommt es beim Übersetzen des Quelltextes gelegentlich zu sogenannten „Folgefehlern“, die alle mit angezeigt werden.

Schau mal am linken Rand des Quelltext-Bereiches (sofern du die Swift Sandbox verwendest; im Playground ist es aber ähnlich):

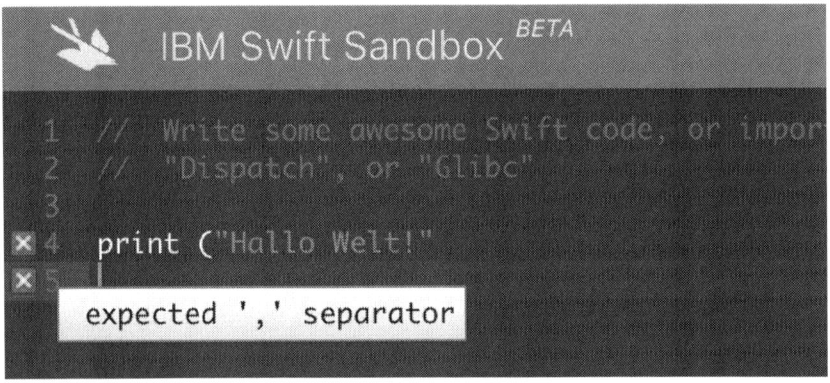

Jede Zeile, in welcher der Compiler einen Fehler erkannt hat, wird mit folgendem Symbol markiert:

Fährst du mit dem Mauszeiger darüber, erscheint der gleiche Fehlertext, den wir oben auch schon gesehen haben. Du hast also zwei Möglichkeiten, herauszufinden, wo sich der Fehler im Quelltext befindet: Entweder du liest den Text im Ausgabebereich, oder du fährst mit der Maus über das Fehlersymbol.

2.1.2 Grundsätzliches

Du hast jetzt also dein erstes Programm geschrieben[11]. In diesem und in den nächsten Kapiteln werde ich dir ein paar grundlegende Dinge erklären, indem wir uns das „Hallo Welt"-Programm mal genau anschauen. Es besteht nur aus einer einzigen Anweisung.

Der Begriff „Anweisung" ist in diesem Buch bereits mehrmals aufgetaucht. Es wird Zeit, dass ich dir noch mehr Informationen dazu gebe.

Ein Computerprogramm besteht aus einer Folge von **Anweisungen** (man kann diese auch Befehle oder Kommandos nennen), die der Computer nacheinander ausführen soll, wenn das Programm gestartet wurde. Solche Anweisungen können alles Mögliche sein: Mathematische Berechnungen, Fallunterscheidungen (wenn eine bestimmte Bedingung wahr ist, dann mach dies, ansonsten mach das), Ausgaben auf den Bildschirm, Einlesen von Benutzereingaben (Tastatureingabe speichern) und vieles mehr.

In anderen Programmiersprachen müssen Anweisungen durch ein bestimmtes Trennzeichen abgeschlossen werden (z. B. ein Semikolon nach jeder Anweisung). Das muss man in Swift *nicht* machen, es sei denn du willst mehrere Anweisungen in einer Zeile schreiben; dann musst du diese durch Semikolons voneinander abgrenzen. Mach nach einer Anweisung einfach immer einen Zeilenumbruch (d. h. schreib in der nächsten Zeile weiter), denn dadurch erkennt der Compiler, dass die vorherige Anweisung abgeschlossen ist.

---

[11] Genau gesagt, hast du natürlich den Quelltext für dein erstes ausführbares Programm geschrieben. Aber ich denke, dir ist das mittlerweile klar, und ich kann das ab jetzt etwas salopper ausdrücken.

Folgende drei Programme haben die gleiche Funktion:

```
print ("a"); print ("b");
```

```
print ("a");
print ("b");
```

```
print ("a")
print ("b")
```

Das letzte Programm unterscheidet sich von den anderen dadurch, dass es keine Semikolons benutzt, um eine Anweisung abzuschließen. Das macht ein Programm besser lesbar, finde ich. Du auch?

2.1.3 Kommentare

Möchtest du in deinem Quelltext etwas schreiben, das der Compiler nicht übersetzen soll, nennt man dies einen „**Kommentar**“. Es gibt zwei Möglichkeiten, einen Kommentar zu kennzeichnen.

Entweder du schreibst zwei Schrägstriche. Dann ist alles nach diesen beiden Schrägstrichen bis zum Ende der Zeile ein Kommentar.

Oder du beginnst einen Kommentar mit einem /* und beendest ihn mit einem */. Auf diese Weise kannst du bequem auch mehrzeilige Kommentare schreiben.

Ein Kommentar hat nicht nur die Funktion, Hinweise und Notizen zu deinem Programm zu hinterlassen, sondern kann auch dazu genutzt werden, wenn eine Anweisung nicht ausgeführt werden soll, du sie aber nicht löschen willst (vielleicht willst du sie auch erst später aktivieren). Hier mal ein Beispiel:

```
// Testprogramm mit Kommentaren
print (“Hallo Welt!“)
/* print (“wird nicht ausgegeben“)
*/
```

Der Compiler verarbeitet das Programm, indem er die Kommentare nicht beachtet. Es ist also für den Compiler genauso wie folgendes Programm:

```
print (“Hallo Welt!“)
```

Du solltest mit Kommentaren nicht geizen! Denn sie können helfen, ein Programm besser zu verstehen, indem im Kommentar z. B. erklärt wird, was die nächsten Anweisungen machen sollen. Du kannst auch Änderungen im Quelltext mit einem Kommentar markieren. Du kannst auch am Anfang des Programms in einem Kommentar schreiben, dass es von dir stammt und an welchem Datum du es erstellt oder geändert hast.

Am Anfang wirst du bestimmt nicht viele Kommentare in deinen Programmen verwenden. Aber du wirst bald merken, wie wertvoll es sein kann, wenn ein scheinbar komplizierter Programmablauf mit Hilfe eines Kommentars erklärt wird. Erst recht, wenn es lange her ist, dass du das Programm geschrieben hast und du dich nicht mehr daran erinnern kannst, wieso du es so und nicht anders programmiert hast. Ein Kommentar ist dann manchmal Gold wert!

2.1.4 Print

Die Anweisung, aus der das „Hallo Welt"-Programm besteht, ist genau genommen der Aufruf einer der vielen Standardfunktionen von Swift.

Die **Funktion** print() wird mit einem **Übergabewert**[12] aufgerufen. Im Allgemeinen verarbeitet eine Funktion den übergebenen Wert (bzw. die übergebenen Werte). Im vorliegenden Beispiel ist der Übergabewert eine **Zeichenkette**[13] mit dem festen Wert, nämlich „Hallo Welt!". Die Funktion print() nimmt die Zeichenkette entgegen und gibt sie auf dem Bildschirm aus.

Es kann aber auch eine **Variable** übergeben werden. Eine Variable ist so etwas wie ein Platzhalter für einen Wert. Variablen kennst du bestimmt auch schon aus dem Mathematikunterricht?! Was beim Programmieren eine Variable genau ist und wofür man sie nahezu in jedem Programm braucht, erfährst du gleich im nächsten Kapitel.

Zu guter Letzt kann print() sogar mit mehreren Parametern ausgerufen werden. Wie viele Parameter einer Funktion beim Aufruf übergeben werden können, ist abhängig davon, wie viele davon die Programmierer einer Funktion dafür vorgesehen haben. Bei print() sind es jedenfalls beliebig viele Parameter. So liefern zum Beispiel die beiden folgenden Programme dieselbe Ausgabe:

```
print („Hallo Welt!")
```

```
print ("Hallo", "Welt", terminator: "!")
```

[12] Man sagt auch **Parameter** dazu.

[13] Eine „Zeichenkette" ist eine beliebig lange Folge von „Zeichen", besteht also aus Buchstaben, Zahlen, Umlauten, Leerzeichen, Sonderzeichen usw.

Was es mit dem Parameter „terminator"[14] und der komischen Schreibweise mit dem Doppelpunkt auf sich hat, erfährst du später. Jetzt ist erstmal nur wichtig, dass du weißt was eine Funktion ist, und was die Parameter einer Funktion sind.

Erinnerst du dich daran, dass der Compiler eine Fehlermeldung ausgegeben hat, als wir die schließende Klammer entfernt hatten? Dass ein „Komma erwartet" wurde, hätte dich da noch wundern dürfen. Jetzt aber weißt du, dass der Compiler nicht nur die schließende Klammer erwartet, denn erstmal könnte auch ein Komma-Trennzeichen vor einem weiteren Parameter auftauchen.

Du kannst jetzt erstmal eine kurze Pause gebrauchen? Ok.

[14] Vielleicht hast du auch schon bei translate.google.de nachgeschaut, was das Wort bedeutet. Leider steht dort in der deutschen Übersetzung auch nur „Terminator". In solchen Fällen empfehle ich dir die Adresse dict.leo.org im Internet aufzurufen. Hier bekommst du verschiedene Bedeutungen vorgeschlagen, in unserem Fall „Endezeichen"! – Gleich mal als Favorit speichern (dict.leo.org)!

2.1.5 Zusammenfassung

Bevor wir ein neues Kapitel beginnen, fasse ich das wichtigste nochmal zusammen!

Du hast in diesem Kapitel einige neue Begriffe gelernt.

Du weißt jetzt, wie man **Anweisungen** im Programm voneinander abgrenzt: Schreibe diese in verschiedene Zeilen oder trenne die Anweisungen innerhalb einer Zeile mit einem **Semikolon**.

Du weißt, was ein **Kommentar** ist (Text, den der Compiler ignoriert) und wie du im Quelltext einen als solchen markierst: Entweder leitest du einen Kommentar mit // ein, dieser gilt dann bis zum Zeilenende, oder du klammerst mit /* und */ beliebig viel Text. So kannst du bei Bedarf auch Teile des Quelltextes in einen Kommentar umwandeln.

Du weißt, dass print() eine **Funktion** ist, genau genommen eine **Standardfunktion** von Swift ist.

Du hast auch schon mal die Begriffe **Übergabewert** und **Variable** sowie **Parameter** gehört. Diese werden dir in den nächsten Kapiteln noch häufiger begegnen. Ich denke, dass du aber schon eine gute Vorstellung davon hast: Parameter sind feste Werte oder Variablen, die einer Funktion beim Aufruf übergeben werden.

2.2 Variablen und erste Datentypen

In diesem Kapitel wird es spannend! Du lernst, wie man **Variablen** anlegt, wie man Daten in Variablen speichert, und wie man diese verwendet. Und du lernst, was **Datentypen** sind.

Und: Du wirst ein paar Übungen machen, bei denen du erste einfache Programme schreibst. Man kann viele Bücher über das Programmieren lesen, am besten jedoch lernt man es, wenn man es so oft wie möglich tut. Also weiter geht's!

2.2.1 Variablen

Programme verarbeiten Daten. Das bedeutet, dass sie in der Regel irgendwelche Eingaben erwarten. Diese Daten werden entweder aus Dateien[15] eingelesen oder über die Tastatur vom Benutzer eingegeben. Das Programm verarbeitet dann diese Daten und erzeugt in der Regel eine Ausgabe. Diese verarbeiteten Daten werden auf dem Bildschirm ausgegeben oder wieder in Dateien gespeichert.

Natürlich können Computerprogramme auch viel spannendere Dinge. Du hast sicher schon von den selbstfahrenden Autos gehört? Aber auch hier geht es im Grunde darum, Daten zu erfassen, zu verarbeiten und eine Ausgabe zu erzeugen. Bei den selbstfahrenden Autos sind die Eingaben z. B. die satellitengenaue Position, die aktuelle Geschwindigkeit, das von der Kamera erfasste Bild der Straße usw. Diese und viele weitere Daten werden zu Ausgaben verarbeitet. Die Ausgaben sind z. B. Signale an den Motor zur Geschwindigkeitsänderungen, Signale an das Lenkrad, Aktivieren des Blinkers usw. Betrachten wir aber zunächst ein denkbar einfaches Programm, das Daten verarbeitet.

---

[15] Eine Datei (englisch „file") ist ein Bestand meist inhaltlich zusammengehöriger Daten, der auf einem Datenträger oder Speichermedium gespeichert ist. Diese Daten können somit über die Laufzeit eines Programms hinaus existieren. Sie sind bei Programmende nicht verloren.

Wenn ein Programm Daten verarbeitet, werden diese nach der Eingabe zunächst in Variablen gespeichert. Zur Verarbeitung der Daten werden eventuell weitere Variablen benötigt, in der Regel um Zwischenergebnisse zu speichern.

Weder in der Swift Sandbox noch im Playground von Xcode steht uns eine Funktion zur Verfügung, um Tastatureingaben entgegenzunehmen. Das Verarbeiten von Eingaben ist ziemlich kompliziert, da es sich um Tastatureingaben, Aktionen mit der Maus oder sogar Wisch-Gesten handeln kann. Deshalb müssen wir so tun, als hätte die Eingabe stattgefunden und die entsprechenden Daten liegen dem Programm bereits in einer Variablen vor. Eine Variable musst du dir vorstellen wie ein Platzhalter für Daten.

Schau dir das folgende Programm in Ruhe an:

```
// Eingabe
var vorname = "Oliver"
var nachname = "Kahn"
// Verarbeitung
var ausgabe = "Hallo " + vorname + " "
  + nachname + "!"
// Ausgabe
print (ausgabe)
```

Programm 2: Zeichenkette ausgeben

Übung 1: Welcher Text?

Das oben genannte Programm macht eine Ausgabe auf dem Bildschirm. Welcher Text erscheint wohl?

(Die Lösung findest du auf Seite 90.)

Notiere hier deine Lösung:

Die Aufgabe war nicht schwer, ich weiß. Ich will dir daran in erster Linie zeigen, wie die Übungen in diesem Buch aufgebaut sind: Übungen bestehen aus einer Frage, die du beantworten sollst oder aus der Aufgabe, ein bestimmtes Programm zu schreiben.

Wenn du ein Programm schreiben sollst, kannst du das auf einem Blatt Papier machen. Besser ist aber, wenn du es in einer „Umgebung“ (also entweder in der Swift Sandbox oder im Playground von Xcode) eingibst. Dann hast du nämlich gleich eine Rückmeldung, ob es funktioniert oder ob noch ein Fehler darin ist.

Zurück zu unseren Variablen. Du hast dir sicher schon gedacht, dass das Schlüsselwort „var“ für „Variable“ steht und dass danach eine solche erstellt und ihr direkt ein Wert zugewiesen wird.

In dem Programm gibt es also insgesamt drei Variablen. Die erste heißt „vorname“ und enthält den Wert einer Zeichenkette[16], in diesem Fall den Wert „Oliver“. Die zweite Variable namens „nachname“ enthält ebenfalls eine Zeichenkette, in diesem Fall den Wert „Kahn“. Diese beiden Variablen repräsentieren die Eingabe des Programms.

Als nächstes verarbeitet das Programm die Eingabe, indem eine neue Zeichenkette aufgebaut wird und in einer dritten Variablen namens „ausgabe“ gespeichert wird.

Man kann Zeichenketten also mit + aneinanderfügen, um eine neue Zeichenkette aufzubauen. Natürlich gibt es auch verschiedene andere Schreibweisen[17], aber diese ist am besten lesbar.

Am Ende des Programms wird die Variable „ausgabe“, die lediglich als Hilfsvariable gedient hat, ausgegeben.

Übung 2: Ohne Hilfsvariable

Häufig ist es vorteilhaft, Hilfsvariablen zu verwenden. Programme werden dadurch besser lesbar. Aber in diesem Fall kann man auch ohne die dritte Variable „ausgabe“ auskommen.

Schreibe das Programm um!

(Die Lösung findest du auf Seite 90.)

---

[16] Was das besondere an einer „Zeichenkette“ ist, erfährt du in den nächsten beiden Kapiteln. Zunächst musst du nur wissen, dass eine Zeichenkette eine beliebig lange Folge von „Zeichen“ enthalten kann.

[17] Zum Beispiel: print ("Hallo \(vorname) \(nachname)!") Diese besondere Schreibweise nennt man „Interpolation“.

Notiere hier deine Lösung:

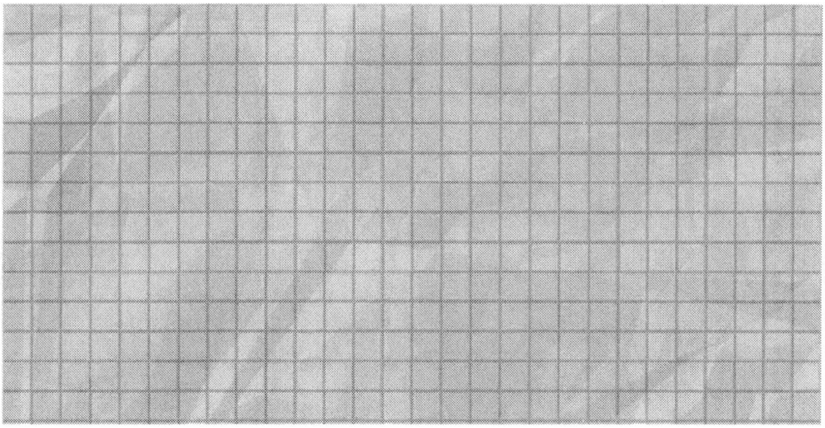

Prima, wenn du die Lösung herausgefunden hast. Denn dann hast du aus allem, das du bisher gelernt hast, gut kombiniert.

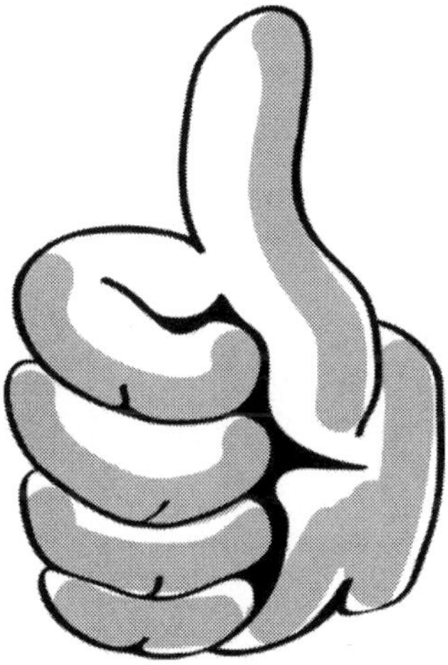

Vom Prinzip müsste dir jetzt bereits einigermaßen klar sein, was eine **Variable** ist: Nämlich ein Platzhalter für Werte. Es gibt aber einiges dringend zu beachten, und das erfahren wir gleich im nächsten Kapitel!

2.2.2 Datentypen

In den meisten anderen Programmiersprachen ist es üblich, beim Erstellen einer Variablen anzugeben, welchen Typ die Werte dieser Variable haben dürfen, also ob es z. B. ganze Zahlen, Zeichenketten oder Fließkommazahlen sein dürfen. Man nennt dies den **Datentyp** einer Variablen.

In Swift müssen wir den Datentyp nicht angeben, wie du ja auch schon in Programm 2 gesehen hast: Wir hatten beim Anlegen der Variablen einen Initialwert mit angegeben, nämlich eine Zeichenkette. Swift legt die Variable dann automatisch vom Datentyp „Zeichenkette“ an. Natürlich hat dieser Datentyp einen englischen Namen, nämlich „String“ (was übersetzt „Kette“ heißt). Und ich möchte den Datentyp für Zeichenketten ab jetzt **String** nennen. Zu den Strings kommen wir in Kürze!

Natürlich kannst du beim Anlegen einer Variablen den Datentyp jedes Mal angeben, wenn du das möchtest, aber es ist bequemer und manchmal ist der Quelltext dadurch auch besser lesbar, wenn man den Datentyp nicht angibt.

Schauen wir uns das folgende Programm an:

```
var a = "eins"
var b:String = "zwei"
var c:String
c = "drei"
```

Programm 3: Typ vorgeben

Hier werden vier Variablen in unterschiedlicher Weise verwendet.

Der Variablen a wird gleich beim Erstellen ein Wert zugewiesen. Da dieser Wert eine Zeichenkette ist, bekommt die Variable automatisch den Datentyp String.

Bei der Variablen b wird beim Erstellen mit angegeben, dass sie vom Typ String sein soll. Gleichzeitig bekommt sie einen Wert zugewiesen.

Bei Variable c steht beim Erstellen schon fest, dass sie vom Typ String sein soll. Bei der späteren Zuweisung des Wertes *muss* dieser dann aber auch vom Typ String sein, und nicht etwa eine Zahl. Denn das wäre nicht erlaubt, und es käme zu einem Laufzeitfehler.

Du willst wissen, wie der Datentyp einer Variablen heißt, die eine Zahl speichern kann? Gut, schauen wir uns als nächstes den Datentyp Int an!

2.2.3 Int

Die Menge der ganzen Zahlen umfasst die natürlichen Zahlen (0, 1, 2, 3, 4, usw.) und die negativen Zahlen (-1, -2, -3, -4, usw.). Der zugehörige Datentyp heißt in fast allen Programmiersprachen „Integer“ (oder Int, manchmal auch int). Dieser Begriff stammt aus der griechischen Sprache und bedeutet „ganz“. In Swift heißt er einfach nur **Int**.

Ein Computer kann nicht unendlich große bzw. kleine Zahlen speichern. Das hängt davon ab, dass der Speicherbereich für eine Int-Variable beschränkt groß ist[18]. Aber du kannst dich beruhigt zurücklehnen, wenn du nicht mit astronomisch großen Zahlen rechnen willst, denn bei einem modernen Betriebssystem kann der Computer in einer Variablen des Datentyps Int die Werte im unfassbar großen Bereich von −9223372036854775808 bis 9223372036854775807 speichern. Das sollte locker reichen, oder?

Übung 3: Ungültiger Datentyp

Auf Seite 47 hatte ich erwähnt, dass man einer Variablen vom Typ String keine Zahl zuweisen darf. Probiere aus, was dann passiert! Schreibe bitte ein Programm mit einer String-Variablen und weise dieser einen Zahlenwert zu. Es *soll* beim Ausführen des Programms *zu einem Fehler kommen*.

Lass dir den Fehlertext mit Hilfe einer geeigneten Internetseite, z. B. dem Google-Übersetzer, den ich auf Seite 31 empfohlen hatte, übersetzen!

(Die Lösung findest du auf Seite 90.)

[18] Vielleicht hast du schon etwas von Bits und Bytes gehört? Das Thema ist ziemlich kompliziert, so dass ich es hier nicht erklären werde. Aber wenn du weißt, was ein Byte ist, sei dir gesagt, dass der Speicherbedarf für eine Integer-Variable in einem 32-Bit-System 4 Byte und in einem 64-Bit-System 8 Byte beträgt.

Notiere hier deine Lösung:

Du hast jetzt schon zwei Datentypen kennengelernt. Natürlich gibt es noch mehr (Float, Double, Bool – um schon einige wenige zu nennen), aber dazu komme ich später. Als nächstes musst du erst noch etwas ganz Wichtiges lernen...

2.2.4 Zusammenfassung

Variablen sind Platzhalter für Daten, die das Programm verarbeiten soll. Sie können Werte verschiedenster Art speichern: Zeichenketten und Zahlen - und noch viel kompliziertere Dinge, wie du noch lernen wirst.

Variablen müssen vor oder bei der ersten Zuweisung mit var angelegt werden[19]. Swift entscheidet sich selbst für einen geeigneten Datentyp. Dieser Typ kann sich später nicht mehr ändern.

Möchtest du den Datentyp beim Anlegen bestimmen, dann kannst du das erreichen, indem du hinter dem Namen der Variablen einen Doppelpunkt und den Datentyp schreibst. Danach kannst du dann eine Zuweisung schreiben (musst du aber nicht).

Zum Beispiel:

```
var eineZahl:Int = 42
```

Du hast die Datentypen **String** und **Int** kennen gelernt. Variablen vom Typ String können Zeichenketten (z. B. „Hallo Welt“) und Variablen vom Typ Int ganze Zahlen (z. B. -5, 0, 13 usw.) speichern.

Um spannende Programme schreiben zu können, fehlt nicht mehr viel!

[19] Man sagt dann auch: Eine Variable wird „deklariert“.

2.3 Kontrollstrukturen

In diesem Kapitel geht es darum, wie man den Programmablauf steuern oder kontrollieren kann. Was bedeutet das nun wieder?

Die Programme, die wir bisher geschrieben haben, waren ziemlich langweilig. Der Computer führt das Programm von oben nach unten aus und beendet es nach der letzten Zeile.

Was fehlt dir also noch?

Du kannst jetzt noch kein Programm schreiben, das unterschiedliche Texte ausgibt, je nachdem welchen Wert eine bestimmte Variable hat.

Du kannst jetzt auch noch kein Programm schreiben, das den Wert einer Int-Variablen auswertet und genauso oft einen Text ausgibt, wie in dieser Variablen gespeichert ist.

Damit du das kannst, musst du zuerst noch einen dritten Datentyp kennen lernen, der „Bool“ heißt.

2.3.1 Bool

Eine Variable, die nur zwei verschiedene Werte annehmen kann, nennt man „boolsche Variable"[20]. Der eine Wert ist **true** (englisch für wahr), der andere Wert ist **false** (englisch für falsch). In Swift heißt der entsprechende Datentyp **Bool**.

Folgendes Programm hat zwei Variablen vom Typ Bool. Die Variable a hat den Wert true, die Variable b den Wert false:

```
var a:Bool = true
var b = false
print (a, b)
```

Programm 4: Boolsche Variablen

Beachte, dass man den Datentyp wieder weglassen kann, wie beim Anlegen von Variable b der Fall, weil Swift am Schlüsselwort false bzw. true erkennt, dass der Datentyp Bool zugewiesen wird.

Mit print() werden die Werte entsprechend ausgegeben:

```
true false
```

Dieser Datentyp ist simpel. Er speichert nur zwei Zustände, ja oder nein, an oder aus, wahr oder falsch, 1 oder 0. In Swift sind dafür die beiden Schlüsselwörter **true** und **false** vorgesehen.

---

[20] benannt nach George Boole, dem Begründer der modernen mathematischen Logik

2.3.2 Vergleichsoperator

Wenn du jetzt noch lernst, wie man Variablen miteinander vergleicht, kann es losgehen mit der Steuerung des Programmablaufs.

Um Variablen zu vergleichen gibt es Operatoren, die denen ziemlich ähnlich sind, die du schon aus der Mathematik kennst, also „kleiner als (<)“, „größer als (>)“ und „gleich (=)“, um Zahlen miteinander zu vergleichen. In Swift ist das fast genauso, man schreibt aber ==, wenn man zwei Zahlen auf Gleichheit testen will.

Willst du testen, ob „a kleiner als b“ ist, dann schreibst du a < b. Genauso schreibst du a > b, wenn du testen willst, ob „a größer als b“ ist.

Wenn du aber testen willst, ob „a gleich b“ ist, dann schreibst du a == b. Der Grund ist, dass a = b bereits die Bedeutung „weise der Variablen a den Wert der Variablen b zu“ hat.

Um zu testen, ob „a ungleich b“ ist schreibst du a != b.

Übung 4: Vergleichsoperatoren

Gib folgenden Quelltext in deiner Umgebung ein:

```
print (1 < 2)
print (1 != 1)
print ("hallo" == "hallo")
print ("oliver" == "kahn")
```

Welche Ausgaben erwartest du?

Lass das Programm ausführen.

(Die Lösung findest du auf Seite 91.)

Notiere hier deine Lösung:

Du hast also gelernt, wie man Variablen miteinander vergleicht. Und du weißt jetzt, dass das Ergebnis dieses Vergleichs ein Wert vom Datentyp Bool ist. Diesen Wert (false oder true) kann dein Programm weiterverarbeiten.

Das ist ein ganz wichtiger Baustein für das, was jetzt auf dich zukommt: Die ersten **Kontrollstrukturen**! So nennt man die Anweisungen, die den Ablauf deines Programms steuern. Man unterscheidet zwischen Verzweigungen und Schleifen. Fangen wir mit dem leichten an, den Verzweigungen.

2.3.3 Verzweigungen

Die erste Kontrollstruktur, mit der man den Ablauf eines Programms steuern kann, ist die **Verzweigung**.

Stell dir Gleise einer Eisenbahn vor. Wenn es keine Weichen geben würde, mit deren Hilfe ein Zug auf eine andere Strecke abbiegen kann, würde ein Zug nie von seinem Gleis runterkommen, bzw. mal eine andere Strecke fahren können.

Genauso funktionieren Verzweigungen in Programmiersprachen. Die Weiche bei der Eisenbahn entspricht einer Anweisung im Quelltext, die das Programm entweder in die eine Richtung oder in die andere Richtung laufen lässt. Gesteuert wird die „Weiche" im Quelltext durch eine boolsche Variable, also einer Variable vom Datentyp Bool. Das kann auch ein Vergleichsoperator sein, der true oder false als Ergebnis liefert.

Schauen wir uns einfach mal ein paar Beispiele an, dann wird dir das bestimmt schnell einleuchten. Ok?

```
var zahl:Int = -2
if zahl > 0 {
  print (zahl, "ist größer als 0.")
} else {
  print (zahl, "ist nicht größer als 0.")
}
```

Programm 5: Verzweigung

Dieses kleine Programm besteht aus einer Int-Variablen und zwei print-Anweisungen. Eine Verzweigung[21] sorgt dafür, dass nur eine der beiden print-Anweisungen ausgeführt wird. Welche das ist, hängt vom Ergebnis der Bedingung „zahl > 0“ ab.

Wenn die Bedingung erfüllt ist (**if** heißt „wenn“), dann wird der erste Anweisungsblock ausgeführt. Ansonsten wird der zweite Anweisungsblock ausgeführt (**else** heißt „sonst“).

Du kannst den Quelltext abtippen und ausführen lassen. Probiere doch einfach mal andere Werte für zahl aus, um mal den einen, mal den anderen Text ausgeben zu lassen.

[21] Manchmal wird dafür auch der Begriff „Fallunterscheidung“ verwendet.

Übrigens ist es eine Geschmacksfrage, ob man das { hinter der Bedingung schreibt oder in der nächsten Zeile. Entscheide selbst, was dir besser gefällt (links oder rechts)[22]:

`if bedingung {`
`  anweisung1`
`} else {`
`  anweisung2`
`}`
	`if bedingung`
	`{`
	`  anweisung1`
	`}`
	`else`
	`{`
	`  anweisung2`
	`}`

Ich empfehle dir allerdings, deine bevorzugte Schreibweise stets beizubehalten - und nicht ständig zwischen beiden Stilen zu wechseln, was die Lesbarkeit eher schlechter machen würde.

[22] Ich habe mich für den Stil auf der linken Seite entschieden, damit die Quelltexte in diesem Buch nicht zu lang werden. Ansonsten spricht nichts gegen den Stil auf der rechten Seite!

Und denke übrigens daran, den Text zwischen den geschwungenen Klammern **einzurücken**! Es ist üblich, nach { die nächste Zeile mit zwei bis vier Leerzeichen *oder* einem Tabulator[23] zu beginnen.

Denkst du nicht auch, dass von folgenden identischen Quelltexten die linke Seite durch die Einrückung besser lesbar ist als die rechte?

```
if a {
  if b {
    print ("a und b")
  } else {
    print ("a, nicht b")
  }
} else {
  print ("nicht a")
}
```

```
if a {
if b {
print ("a und b")
} else {
print ("a, nicht b")
}
} else {
print ("nicht a")
}
```

Wenn du den Quelltext auf der linken Seite nicht kapierst, ist das nicht schlimm. Erstens ist das Programm recht kompliziert und nicht gerade sehr sinnvoll. Aber den Quelltext auf der rechten Seite kapiert niemand so schnell, weil er unlesbar wird, wenn die Einrückungen fehlen!

[23] Die Taste ⇥ fügt einen Tabulator ein, der je nach Editor gewöhnlich zwei oder vier Leerzeichen entspricht.

2.3.4 && und ||

Bevor wir zur nächsten Übung kommen, möchte ich dir noch erklären, wie man Bool-Variablen verknüpft. Denn nicht selten wirst du auf den Fall stoßen, dass zwei Bedingen oder Bool-Variablen miteinander verknüpft werden müssen. Vielleicht hast du schon etwas von „Boolscher Algebra" gehört. Wenn ja, wird dir das jetzt helfen. Ansonsten reicht es, zu verstehen, dass man zwei Bedingen oder Bool-Variablen, die jeweils wahr oder falsch sein können, entweder mit „UND" bzw. „ODER" verknüpfen kann (englisch „AND" bzw. „OR").

Beispiel 1:

```
if x > 0 && y > 0 {
  print ("beide sind positiv")
}
```

Programm 6: Und-Verknüpfung

Dieser Programmausschnitt zeigt, wie man zwei Bedingungen „x > 0" und „y > 0" mit „UND" verknüpft. In Swift schreibt man für „UND" den Operator &&. Nur wenn beide Teilbedingungen erfüllt sind, die mit „UND" verknüpft werden, ist die Bedingung wahr und das Programm verzweigt in den if-Zweig, ansonsten in den else-Zweig. (Wie du übrigens sicher selbst schon bemerkt hast, kann man den else-Zweig auch einfach weglassen!)

Beispiel 2:

```
if x > 0 || y > 0 {
  print ("mind. eine Zahl ist positiv")
}
```

Programm 7: Oder-Verknüpfung

Dieser Programmausschnitt zeigt entsprechend die Verknüpfung zweier Bedingungen mit „ODER“. In Swift schreibt man für „ODER“ den Operator ||. Das sind zwei senkrechte Striche.

Wenn du eine Bedingung formulierst, die sowohl den Operator && als auch den Operator || enthält, musst du darauf achten, dass && stärker „bindet“ als ||. Das bedeutet, dass erst die Teilbedingen mit && und anschließend die Teilbedingungen bzw. Zwischenergebnisse mit || verknüpft werden. Ähnlich wie bei Rechenoperatoren, wo Mal und Geteilt stärker bindet als Plus und Minus.

Wollten wir die Bedingung „mindestens eine der beiden Zahlen x oder y ist positiv und z ist positiv“ formulieren, so können wir nicht „x > 0 || y > 0 && z > 0“ schreiben, denn && bindet stärker als ||. Wir müssen Klammern einsetzen! Richtig ist „(x > 0 || y > 0) && z > 0“.

So kompliziert soll die nächste Übung nicht werden. Aber wenn du irgendwo einmal eine Bedingung mit Klammern siehst, weißt du jetzt wenigstens, was es damit auf sich hat.

Übung 5: Verzweigung

Schreibe ein Programm mit zwei Int-Variablen a und b. Initialisiere beide mit beliebigen Werten. Erzeuge einen Text, der einen der drei Fälle beschreibt: Fall 1.: Die Variablen sind gleich. Fall 2.: Der Wert von a ist größer als der Wert von b. Und schließlich Fall 3.: Der Wert von a ist kleiner als der Wert von b.

(Die Lösung findest du auf Seite 91.)

Notiere hier deine Lösung:

Sieht dein Programm genauso aus, wie in der Lösung? Dann gratuliere ich dir: Gut gemacht!

Ein beliebter Fehler ist, wenn man in der Bedingung nicht „a == b" schreibt, sondern „a = b". Letzteres ist eine Wertzuweisung (a erhält den Wert von b) und kein Vergleich der beiden Werte. Diese Fehler sind aber nicht schlimm, weil der Compiler einen solchen Fehler sofort erkennt und einen entsprechenden Fehlertext ausgibt. Und in diesem Fall ist der sogar besonders hilfreich:

```
use of '=' in a boolean context, did you
mean '=='?
```

Möchtest du den Text zur Übung mit Google übersetzen lassen (rufe dazu im Browser die Adresse „translate.goolge.de" auf)? Die Übersetzung dort ist wieder etwas holperig, aber du verstehst sicher, was der Fehler ist, oder?

Wenn dein Programm kein else enthält, liefert es dasselbe Ergebnis. Das liegt daran, dass nur eine der drei Bedingungen erfüllt sein kann. Es wird also immer nur ein Text ausgegeben.

```
if a == b {
  print ("sind gleich")
}
if a > b {
  print ("a größer als b")
}
if a < b {
  print ("a kleiner als b")
}
```

In meiner Lösung[24] habe ich else verwendet. Das sorgt dafür, dass alle folgenden Bedingungen nicht mehr geprüft werden müssen, sobald eine Bedingung erfüllt ist:

```
if a == b {
  print ("sind gleich")
} else if a > b {
  print ("a größer als b")
} else if a < b {
  print ("a kleiner als b")
}
```

[24] Wie du im folgenden Programm siehst, kann man die Bedingung hinter dem letzten else sogar streichen! Die Bedingung ist überflüssig, weil alle Alternativen vorher berücksichtigt wurden.

Also wenn a gleich b ist, dann werden die beiden anderen Bedingungen nicht mehr geprüft. Man sagt auch, sie werden nicht mehr „ausgewertet". Warum habe ich das gemacht, wenn die Lösung ohne else auch funktioniert? Lesbarer wird das Programm dadurch nicht gerade. Aber es wird *effizienter*, d. h. es kann schneller ausgeführt werden. Bei diesem Programm fällt das natürlich nicht ins Gewicht, aber stell dir ein Programm vor, bei dem komplizierte (rechenintensive) Bedingungen viele tausend Male hintereinander ausgewertet werden müssen. Dann macht es durchaus Sinn, das Programm effizienter zu gestalten, und damit „die Laufzeit zu optimieren".

Prima, jetzt kennst du schon die erste Kontrollstruktur: Die Verzweigung mit „if-else".

Im nächsten Kapitel kommen wir zu einer weiteren Kontrollstruktur. Manchmal ist es nötig, mehrmals den gleichen Quelltext zu durchlaufen. Und dazu brauchen wir eine Anweisung, die „**Schleife**" heißt.

Nicht erschrecken, aber es gibt gleich *drei* verschiedene Schleifen: Die repeat-Schleife, die while-Schleife und die for-in-Schleife. Aber langsam: Ich erkläre die eine nach der anderen.

2.3.5 repeat-Schleifen

Das Prinzip der Verzweigung habe ich dir anhand der Weichen von Eisenbahnschienen verdeutlicht. Es geht entweder links oder rechts.

Bei der nächsten Kontrollstruktur, der „Schleife", kannst du dir wieder ein Netzwerk von Eisenbahnschienen vorstellen. Und diesmal soll unser Zug auch ein paarmal im Kreis fahren können, bevor die Weiche umgestellt wird, und der Zug aus dem Kreis wieder herausfahren kann.

Es beginnt damit, dass unser Zug in den Schienenkreis von oben hineinfährt:

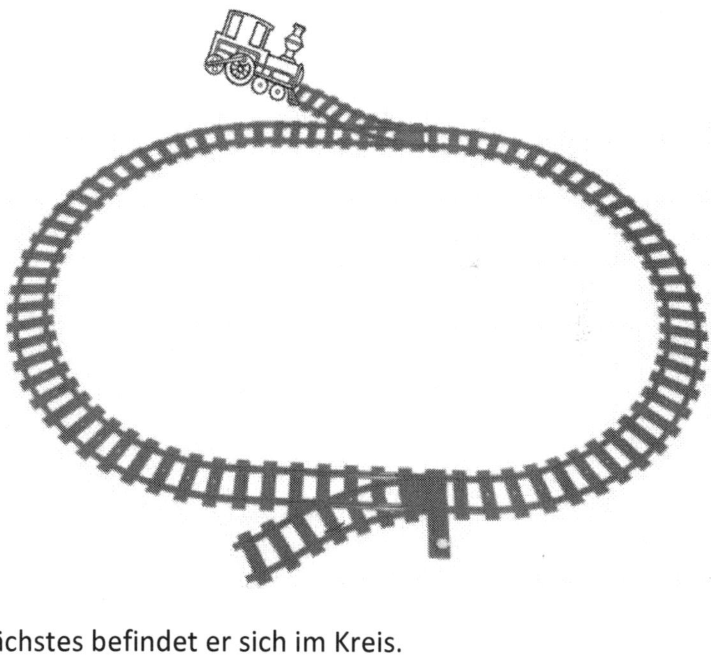

Als nächstes befindet er sich im Kreis.

Irgendwann kommt er bei der Weiche an. Diese entscheidet, ob es weiter im Kreis geht, oder ob der Zug den Schienenkreis wieder verlassen soll.

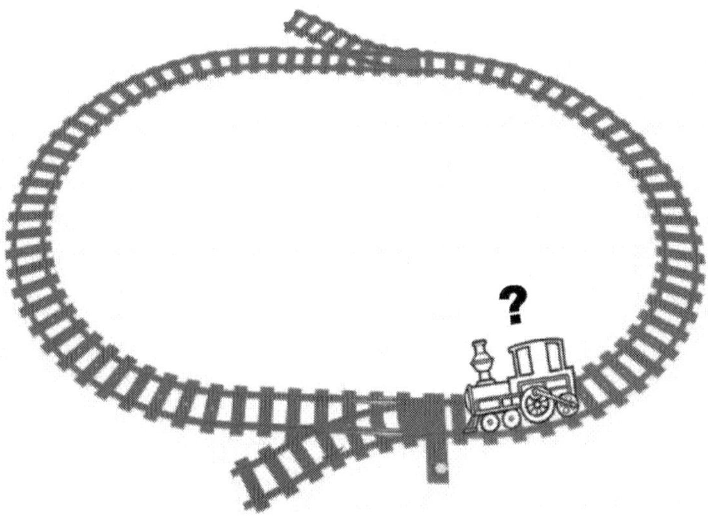

Die Weiche ist zunächst so eingestellt, dass es weiter im Kreis geht.

Und zwar solange, bis die Weiche irgendwann so eingestellt ist, dass der Zug den Kreis verlassen kann.

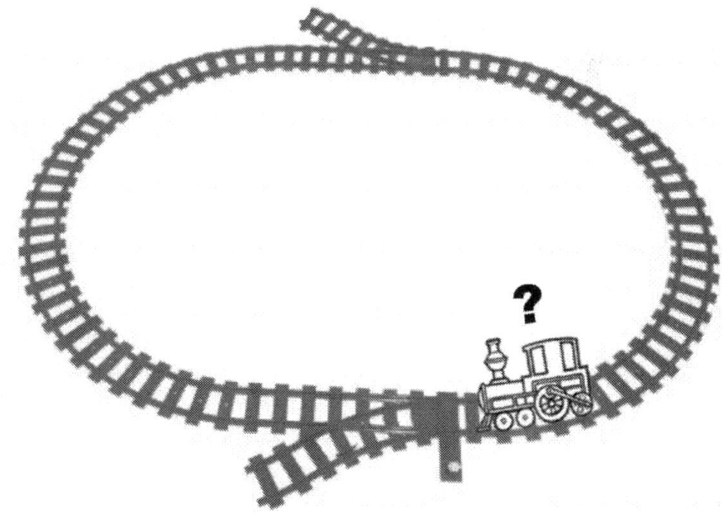

Und das ist jetzt der Fall: Der Zug verlässt den Schienenkreis und fährt nach unten weiter.

Das Gleiche passiert bei der Ausführung unseres Programms, wenn dieses eine Schleife enthält. Es führt immer wieder dieselben Anweisungen aus, solange bis eine bestimmte Bedingung eingetreten ist. (Also bis die Weiche so eingestellt, dass die Schleife verlassen werden kann!)

Wie sieht so etwas in Swift aus? Schauen wir uns ein einfaches Beispiel an, in dem alle Zahlen von 1 bis 10 ausgegeben werden sollen:

```
var zahl = 1
repeat {
  print (zahl)
  zahl = zahl+1
}
while zahl <= 10
```

Programm 9: repeat-Schleife 1 bis 10

Die Ausgabe sieht erwartungsgemäß so aus:

```
1
2
3
4
5
6
7
8
9
10
```

Man kann das gleiche Programm auch wie folgt schreiben:

```
var zahl = 0
repeat {
  zahl = zahl+1
  print (zahl)
}
while zahl < 10
```

Programm 10: repeat-Schleife 1 bis 10 (Version 2)

Schau dir die beiden Programme genau an. Erkennst du den Unterschied?

Wie man die Schleife verwendet, ist eine reine Geschmacksfrage. Ich persönlich ziehe die erste Version vor (Programm 9). Aber das ist jedem selbst überlassen, ob zuerst die Zählvariable erhöht werden soll, oder erst die Anweisungen der Schleife ausgeführt werden sollen. Das Ergebnis ist schließlich dasselbe.

Übung 6: repeat-Schleife

Schreibe ein Programm das alle Zahlen zwischen 5 und 20 ausgibt, und die durch 3 teilbar sind.

Hinweis: Eine Zahl ist durch x teilbar, wenn folgende Bedingung wahr ist:

zahl % x == 0

% ist der sogenannte „**Modulo**-Operator“, der den Rest bei einer Division durch x liefert, z. B. 13 % 5 ergibt 3.

Tipp: Schreibe zuerst ein Programm, das alle Zahlen von 5 bis 20 ausgibt. Füge danach erst den Test auf Teilbarkeit ein.

(Die Lösung findest du auf Seite 92.)

Notiere hier deine Lösung:

Diese Aufgabe war schon etwas komplizierter, nicht wahr? Du hast eine repeat-Schleife und eine Verzweigung miteinander kombiniert.

An dieser Stelle darfst du eine Pause machen und noch ein bisschen mit deinem Programm experimentieren. Du könntest vielleicht den Bereich verändern, über den die Schleife laufen soll. Oder du kannst eine print-Anweisung für den else-Fall einfügen („Zahl ist nicht durch 3 teilbar"). Oder du änderst die Bedingung, indem du z. B. die Zahl nur ausgibst, wenn es sich um eine Quadratzahl handelt. Was immer du auch ausprobierst, es ist spannend und lehrreich, ein wenig an fertigen Programmen herumzuspielen. Wie ändert sich das Ergebnis bzw. die Ausgabe des Programms, wenn du hier oder da etwas veränderst?

Viel Spaß dabei!

Danach geht es weiter mit den beiden anderen Schleifen.

2.3.6 while-Schleifen

Die Anweisungen in der repeat-Schleife, die du im vorangegangenen Abschnitt kennen gelernt hast, werden garantiert mindestens einmal ausgeführt.

Anders ist es bei den **while**-Schleifen. Die Bedingung wird *am Anfang* ausgewertet. So kann es passieren, dass die Anweisungen in der Schleife gar nicht ausgeführt werden, wenn die Bedingung nie erfüllt ist.

Manchmal ist es sinnvoll, eine while-Schleife zu verwenden und manchmal lieber eine repeat-Schleife.

Schau dir folgendes Beispiel an, das die Zahlen von 1 bis 10 ausgibt. Vergleiche es mit Programm 9 (auf Seite 68). Die Ausgabe ist die gleiche, aber es gibt einen entscheidenden Unterschied!

```
var zahl = 1
while zahl <= 10 {
  print (zahl)
  zahl = zahl+1
}
```

Programm 11: while-Schleife 1 bis 10

Erkennst du den Unterschied? Wenn du die Variable zahl in Programm 11 nicht mit 1, sondern z. B. mit 11 initialisierst, dann werden die Anweisungen in der Schleife *nicht* ausgeführt!

In Programm 9 wird hingegen der Inhalt der Variablen zahl garantiert mindestens einmal ausgeben. Ist zahl mit 11 initialisiert, dann wird 11 einmal ausgeben.

2.3.7 for-in-Scheifen

Wenn eine Schleife die Werte einer bestimmten Menge durchlaufen soll, kannst du auch eine viel einfachere Schreibweise benutzen. Bei den sogenannten **for-in**-Schleifen gibst du den Namen einer Variablen an, die vorher nicht deklariert sein muss und den Bereich, den diese Variable durchlaufen soll. Zum Beispiel gibt das folgende Programm wieder alle Zahlen von 1 bis 10 aus:

```
for zahl in 1...10 {
  print (zahl)
}
```

Programm 12: for-in-Schleife 1 bis 10

Einfacher und eleganter kann man das nicht schreiben!

Bereit für eine kleine Übung? Das ist jetzt vielleicht etwas knifflig, aber du wirst es nach mehr oder weniger langem Nachdenken bestimmt herausfinden!

Übung 7: for-in-Schleife

Schreibe ein Programm, das alle Paare der Zahlen 1, 2 und 3 in folgender Form ausgibt:

1 - 1
1 - 2
1 - 3
2 - 1
2 - 2
2 - 3
3 - 1
3 - 2
3 - 3

Hinweis: Du benötigst eine for-in-Schleife innerhalb einer for-in-Schleife!

(Die Lösung findest du auf Seite 92.)

Notiere hier deine Lösung:

2.3.8 Zusammenfassung

Kontrollstrukturen sind ungemein wichtig, um den Ablauf im Programm steuern zu können.

Als erstes hast du die **Verzweigung** kennen gelernt (if-else). Damit kannst du entweder den einen Programmteil oder den anderen Programmteil durchlaufen lassen, je nachdem ob eine Bedingung erfüllt ist oder nicht.

Verzweigungen kommen in Programmen sehr häufig vor.

Manchmal gibt es gar keinen else-Fall. In diesem Fall bestimmt die Bedingung lediglich, ob ein Programmteil ausgeführt wird, oder quasi übersprungen wird.

Du hast auch die verschiedenen Arten von Schleifen kennen gelernt, mit denen man Anweisungen nicht nur einmal durchlaufen lassen kann, sondern sooft, *bis* eine Bedingung erfüllt ist (**repeat-Schleife**) bzw. *solange* eine Bedingung erfüllt ist (**while-Schleife**). Schließlich hast du noch die **for-in-Schleife** kennen gelernt.

Schleifen sind nützlich, wenn es darum geht, bestimmte Berechnungen wiederholt auszuführen. Wenn du z. B. alle Zahlen von 1 bis 1000 ausgeben solltest, kannst du auch tausendmal ein print-Kommando schreiben. Sinnvoller ist es, eine Schleife zu benutzen, die ein einziges print-Kommando enthält, und diese Schleife tausendmal zu durchlaufen. Wie das geht, hast du in diesem Kapitel gelernt.

2.4 Konstanten

Mit dem, was du bisher gelernt hast, kannst du schon viele spannende Programme schreiben. Du kennst jetzt die wichtigsten Grundlagen des Programmierens. Als letztes möchte ich dir noch erklären, was Konstanten sind und dir verraten, dass es noch etliche weitere Datentypen gibt.

Kommen wir also zuerst zu den Konstanten. Eine **Konstante** (von lateinisch constans „gleichbleibend“) ist so etwas wie eine Variable, also ein Speicherbereich für bestimmte Werte, jedoch mit dem entscheidenden Unterschied, dass *die Konstante nach der Zuweisung nicht mehr verändert werden kann*!

Konstanten werden mit dem Schlüsselwort **let** deklariert. Anders als bei Variablen muss dabei sofort ein Wert zugewiesen werden.

Konstanten kommen in der Regel dann zum Einsatz, wenn man einen bestimmten Wert mehrmals verwenden, aber nur an einer Stelle im Programm schreiben möchte.

Beispiele:

```
let max = 5
let farbe:String = “grün“
```

Ich empfehle dir, möglichst oft mit Konstanten zu arbeiten (Schlüsselwort let) und Variablen nur zu verwenden, wenn das tatsächlich notwendig ist (Schlüsselwort var).

2.5 Weitere Datentypen

Du kennst jetzt schon die folgenden Datentypen:

Bool Variablen vom Datentyp Bool können nur zwei Werte annehmen, entweder **true** (wahr) oder **false** (falsch). → Siehe Seite 53.

Int Variablen vom Datentyp Int können ganze Zahlen speichern. Der Wertebereich ist riesig und sollte für jedes Programm groß genug sein. → Siehe Seite 48.

String Variablen vom Datentyp String können Zeichenketten speichern. → Siehe Seite 46.

Es gibt noch einige weitere häufig verwendete Datentypen, die in den nächsten Abschnitten vorgestellt werden.

2.5.1 Character

Variablen von Typ **Character** können *genau ein* Zeichen speichern. Wie bei dem Datentyp String wird dieses Zeichen in doppelte Anführungszeichen gesetzt.[25]

Beipiel:

```
let s1:String = “abc“
var s2:String = “a“
var c1:Character = “x“
```

[25] Es gibt Programmiersprachen, bei denen einzelne Zeichen in einfache Anführungszeichen gesetzt werden, um den Datentyp von String besser unterscheiden zu können, z. B. in C.

Die Variablen s2 und c1 haben als Wert jeweils genau ein Zeichen gespeichert. Trotzdem ist s2 ein String, und c1 ein Character.

Übung 8: Character und String

Die Deklaration der Variablen s1, s2 und c1 findest du oben. Welche der folgenden Anweisungen sind korrekt, welche sind falsch (und warum)?

1.) **`s1 = s2`**

2.) **`s2 = s1`**

3.) **`c1 = s2`**

(Die Lösung findest du auf Seite 93.)

Notiere hier deine Lösung:

Im Band 2 dieser Buchreihe lernst du neben den sogenannten Objektklassen viele weitere Datentypen kennen, z. B. „NSDate“ um Datum und Uhrzeit speichern und verarbeiten zu können.

Und es gibt eine Menge von Datenstrukturen, um Aufzählungen mehrerer Elemente zu verwalten (Arrays, Dictionaries, Sets und Tupel). Weil das aber nicht zu den Grundlagen gehört, tauchen Datenstrukturen auch erst in Band 2 auf.

Aber einen Datentyp muss ich dir noch vorstellen - nämlich einen, der sogenannte relle Zahlen speichern kann, wie zum Beispiel 3.1415926... (die Zahl Pi) eine ist.

2.5.2 Float

Die reellen Zahlen umfassen zusätzlich alle Zahlen mit Nachkommastellen (z. B. 3.1415926, 0.33333, 0.5). Man nennt diese Zahlen in der Informatik auch **Fließkommazahlen**[26].

Beachte bitte, dass eine Fließkommazahl mit einem *Punkt* anstelle des Kommas geschrieben wird! Die Fließkommadarstellung von ½ ist also 0.5 (und *nicht* 0,5)!

Der Datentyp für Fließkommazahlen heißt in Swift „**Float**“ und kann riesig große und winzig kleine reelle Zahlen speichern. Der größte Wert liegt bei etwa $3.4 * 10^{38}$. Und das ist wirklich sehr sehr groß.

[26] Auch Gleitkommazahl oder Kommazahl genannt, englisch „floating point number“.

2.5.3 Double

Tatsächlich reicht die Genauigkeit manchmal nicht aus, so dass der *Standardtyp* für Fließkommazahlen in Swift ein anderer ist, nämlich der Datentyp „**Double**". Dieser kann Fließkommazahlen in noch viel besserer Genauigkeit speichern, nämlich mit 16 statt der 8 Stellen bei Float.

Die größte mögliche Zahl beträgt ca. $2 * 10^{308}$. Und das ist sehr sehr sehr sehr groß!

Man kann Double-Werte mit einem Punkt für die Dezimalstelle schreiben (z. B. let pi = 3.1415926), oder man verwendet die sogenannte **Exponentialschreibweise**.

Beispiele:

```
let d1 = 1000.0      // 1000.0
let d2 = 1e3         // 1000.0
let d3 = 1.23e-2     // 1.23 * 10^-2 = 0.0123
```

2.6 Typumwandlungen

Wenn mit Variablen gerechnet wird, dann müssen diese den gleichen Datentyp haben. Also kann man z. B. keine Variable vom Typ Int mit einer Variablen vom Typ Double multiplizieren. In Swift ist das nicht erlaubt, weil der Operator * nur für Zahlen desselben Typs definiert ist.

Man muss in solchen Fällen vorher *eine* der beiden Variablen in denselben Typ der anderen Variablen umwandeln.

Beispiel: Eine Variable x wird in einen Double-Wert umgewandelt, durch folgende Schreibweise:

```
let d = Double(x)
```

Genauso geht das für die anderen Datentypen:

```
let x = 3
let y = 1.2
let z1 = x * y              // nicht erlaubt!
let z2 = x * Int(y)         // 3
let z3 = Double(x) * y      // 3.2
```

Beachte bitte, dass Int() nicht rundet, sondern die Nachkommastellen abschneidet!

Schau dir folgendes Ergebnis genau an!

```
let z4 = Int(2.9)          // 2
```

Wenn du korrekt runden musst, verwendest du am besten die Funktion round(), wie in folgendem Beispiel:

```
let z4 = Int(round(2.9))       // 3
```

Zum Abschluss folgt noch eine letzte Übung, bei der du eine Schleife und eine Typumwandlung verwenden musst. Lass dir Zeit, das ist nämlich nicht so einfach. Vielleicht musst du noch ein paar Male zurückblättern. Viel Erfolg!

Übung 9: Double

Schreibe ein Programm das die Werte der folgenden Zahlen in Fließkommadarstellung ausgibt:

$1, \frac{1}{2}, \frac{1}{3}, \frac{1}{4}, \frac{1}{5}, \frac{1}{6}, \frac{1}{7}, \frac{1}{8}, \frac{1}{9}, \frac{1}{10}.$

Das Ergebnis soll so aussehen:

1.0
0.5
...
0.1

(Die Lösung findest du auf Seite 93.)

Notiere hier deine Lösung:

Teil 3 Ausblick

Du hast jetzt den Band 1 von „Swift kinderleicht erklärt“ beinahe durchgelesen. Ich hoffe, dass es dir Freude gemacht hat und du richtig viel Lust bekommen hast, eigene kleine (oder auch große?!) Programme zu schreiben. Nur zu! Die wichtigsten Grundlagen dafür kennst du jetzt.

Aber es gibt noch sehr viele Themen, die in diesem Band nicht angesprochen wurden. Deshalb bin ich bereits fleißig dabei, einen Band 2 zu schreiben, und danach weitere Bände, damit du Swift irgendwann so gut beherrschst, dass du richtige Apps programmieren kannst. Außerdem ist Swift eine Programmiersprache, die sich immer weiterentwickeln wird (ähnlich wie Java, die in den letzten 20 Jahren immer mächtiger geworden ist). Swift erscheint zwei Jahre nach Erscheinen bereits in der Version 3.

Das nächste Thema, das du lernen solltest, wird in Band 2 in aller Ausführlichkeit erklärt. Ich werde dabei wieder genauso in kleinen Schritten und verständlich vorgehen, wie in diesem Band. Das hat doch gut geklappt, oder? Wenn nicht, schreibe mir eine E-Mail[27], besuche meine Homepage[28] oder kontaktiere mich per Facebook[29]. Ich freue mich über jede Art von Kritik. Auch wenn du Fragen hast, nur zu!

[27] swift@michael-tessin.de
[28] http://swift.michael-tessin.de
[29] https://www.facebook.com/swiftbuch/

3.1 Wie geht es weiter in Band 2?

Was erwartet dich in Band 2? Vielleicht hast du schon etwas von „Objektorientierung“ gehört? Und von Klassen, Vererbung, Attributen und so weiter? Das alles bringe ich dir im meinem nächsten Buch bei, im Band 2 von „Swift kinderleicht erklärt“!

Weitere Themen, die du in den nächsten Bänden noch lernen wirst, sind

- Optionals,
- Fehlerbehandlung (do-try-catch),
- Arrays und Sets,
- Funktionen und Closures,
- Enumerationen,
- Strukturen und Klassen,
- Eigenschaften, Methoden
- und noch vieles mehr!

Ich würde mich freuen, wenn du weiter „am Ball bleibst“! Es lohnt sich ganz bestimmt. **Objektorientierung** ist gar nicht so kompliziert, wie du vielleicht denkst. Es ist jedenfalls sehr sehr wichtig, wenn du Apps für dein Smartphone schreiben willst.

Den Band 2 findest du bald wieder bei Amazon! Schau einfach regelmäßig auf meiner Homepage vorbei oder auf meiner Facebook-Seite. Dann verpasst du nicht, wenn das Buch erscheint.

3.2 Swift Playground

In diesem Abschnitt möchte ich dir noch empfehlen, eine Alternative zur „Swift Sandbox von IBM“ auszuprobieren!

Swift wurde 2014 von Apple erfunden. Zwar gibt es immer mehr Umgebungen, die nicht von Apple sind und trotzdem Swift-Quelltext übersetzen können, aber die coolste Umgebung ist Apples „**Playground**“ (welcher wiederum ein Bestandteil von Apples Entwicklungsumgebung „Xcode“ ist).

Wenn du schon gut Englisch verstehst und wenn du schon Erfahrung im Installieren von Software hast, solltest du dir mal Xcode und den Playground anschauen. Wenn nicht, ist das nicht schlimm, und die andere Umgebung ist vielleicht erstmal besser für dich geeignet.

Xcode ist eine wirklich mächtige Umgebung, mit der man auch Apps für das iPhone programmieren kann. Ein Teil von Xcode ist der Playground (englisch für „Spielplatz“), in dem man den Quelltext sehr komfortabel ausführen lassen kann. Leider gibt es ihn nicht in deutscher Sprache. Und z. Z. braucht man noch einen bestimmten Computer dafür, nämlich einen von Apple (z. B. ein Macbook oder ein iMac). Wenn du also zufällig einen Apple-Computer hast und dir Xcode nicht zu kompliziert ist, kannst du den Playground von Xcode benutzen!

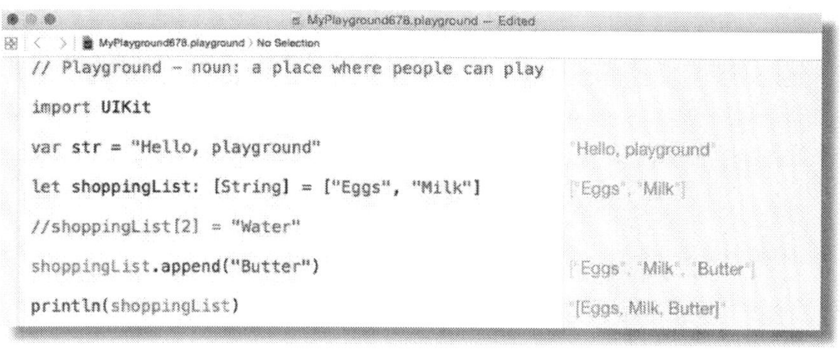

Links tippst du den Quelltext ein und rechts erscheinen die Ausgaben deines Programms. Man muss nicht einmal eine Funktion zum Ausführen starten, das macht die Umgebung im Abstand von wenigen Sekunden automatisch! Wenn du einen Schreibfehler machst, wirst du sofort darauf hingewiesen. Eine wirklich coole Sache!

Hurra, ich gratuliere dir ganz herzlich! Denn du hast Band 1 jetzt komplett durchgearbeitet.

Ich hoffe, du schreibst jetzt bald deine eigenen kleinen Programme. Programme, die dir in der Schule helfen, oder mit denen du einfach nur spannende Experimente machst, um dir die Zeit zu vertreiben.

Wenn du dir regelmäßig ein Programmierproblem ausdenkst und es dann elegant mit Swift löst, trainiert das deine Programmierfähigkeiten ungemein - genauso wie ein Sportler sein tägliches Training machen muss, um für seinen Sport fit zu bleiben.

Viele Spaß dabei!

Lösungen zu den Übungen

In diesem Kapitel findest du die Lösungen zu allen Übungen in diesem Buch. Natürlich gibt es auch andere gültige Lösungen. Und vielleicht ist deine Lösung sogar besser als meine?!

Lösung 1: Welcher Text?

Auf dem Bildschirm erscheint in einer einzigen Zeile der folgende Text: „Hallo Oliver Kahn!“

Lösung 2: Ohne Hilfsvariable

```
var vorname = "Oliver"
var nachname = "Kahn"
print ("Hallo " + vorname + " " + nachname
+ "!")
```

Lösung 3: Ungültiger Datentyp

Eine Variante des gesuchten Programms ist folgende:

```
var einString = "Dies ist ein Text"
einString = 5
```

Der Fehlertext lautet „cannot assign value of type 'Int' to type 'String'“, was so viel heißt wie „kann nicht zuweisen den Wert vom Typ Int zum Typ String“.

Du siehst hier einmal, dass der Google-Übersetzer nicht immer zuverlässig funktioniert, aber mit ein bisschen Fantasie hast du den übersetzten Text vielleicht verstanden?!

Lösung 4: Vergleichsoperatoren

Das Programm gibt bei jedem print-Kommando einen Wert vom Datentyp Bool aus:

```
true
false
true
false
```

Das Ergebnis des Vergleichsoperators ist also ein Wert vom Datentyp Bool!

Lösung 5: Verzweigung

```
var a:Int = 2
var b:Int = 4
if a == b {
  print ("sind gleich")
} else if a > b {
  print ("a größer als b")
} else if a < b {
  print ("a kleiner als b")
}
```

Bei dieser Wertebelegung (a = 2 und b = 4) wird der Text „a kleiner als b“ ausgegeben.

Lösung 6: repeat-Schleife

Eine mögliche Lösung ist folgende:

```
var zahl = 5
repeat {
  if zahl % 3 == 0 {
    print (zahl)
  }
  zahl = zahl+1
}
while zahl <= 20
```

Die Ausgabe ist:

```
6
9
12
15
18
```

Lösung 7: for-in-Schleife

Eine mögliche Lösung ist folgende:

```
for x in 1...3 {
  for y in 1...3 {
    print (x, "-", y)
  }
}
```

Lösung 8: Character und String

1.) **falsch**, weil s1 eine Konstante ist, die ihren Wert nicht verändern darf.

2.) **korrekt**, weil s2 eine Variable ist, welcher der Wert von s1 zugewiesen werden kann, denn beide Variablen sind vom selben Typ.

3.) **falsch**, weil einer Character-Variablen kein Wert vom Datentyp String zugewiesen werden kann. Wie man Wertzuweisungen zwischen Variablen mit verschiedenem Datentyp realisiert, erfährst du in Kapitel 2.6.

Lösung 9: Double

Eine mögliche Lösung ist folgende:

```
for i in 1...10 {
  print (1.0 / Double(i))
}
```

Und das ist die vollständige Ausgabe des Programms:

```
1.0
0.5
0.333333333333333
0.25
0.2
0.166666666666667
0.142857142857143
0.125
0.111111111111111
0.1
```

Verzeichnis der Programme

Verzeichnis der Übungen

Stichwortverzeichnis

Swift-Syntax zum Ausschneiden

In diesem Abschnitt findest du die Syntax[30] von Swift in einer kurzen Übersicht. Willst du beim Programmieren nur mal eben schnell nachschlagen, wie man etwas schreibt, kannst du immer schnell ans Ende des Buches blättern!

In den nächsten Bänden wird sich die Swift-Syntax immer mehr erweitern. Schließlich lernst du in jedem Band immer wieder etwas Neues hinzu.

Tipp: Du kannst dir die folgenden Seiten einfach ausschneiden oder vielleicht besser kopieren, so dass du sie beim Programmieren immer schnell zur Hand hast!

[30] Unter der „Syntax" einer Programmiersprache versteht man ein System von Regeln, nach denen wohlgeformte Ausdrücke und Programmtexte aus einem grundlegenden Zeichenvorrat (dem Alphabet) gebildet werden.

A1 - Grundlagen

Ausgabe

```
print("Hallo Welt")
```

Konstanten

```
let x = 5
```

Variablen

```
var y = 5
```

Datentyp deklarieren

```
let x:Int
var name:String
```

Kommentare

```
// eine Zeile

/*
  mehrere Zeilen
*/
```

A2 - Datentypen

Ganze Zahlen
`var i:Int`

Fließkommazahlen
`var pi:Double`

Wahrheitswerte
`var wahr:Bool`

Zeichenketten
`var name:String`

A3 - Strings

Erzeugen

```
let name = "Zeichenkette"
```

Länge

```
print(name.characters.count)
```

Interpolation

```
let jahre = 12
print("Alter: \(jahre)")
```

Leerer String?

```
let istLeer = ""

// true:
istLeer.isEmpty
```

Verknüpfen

```
var string = "Hallo "

let string2 = string + "Welt"
print (string2)

print (string + "Welt")
```

A4 - Verzweigungen

If-Bedingung

```
var temp = 35

if temp > 25 {
    print("Es ist über 25 Grad")
}
```

Ansonsten: else

```
if temp > 25 {
    print("Es ist über 25 Grad")
} else {
    print("Es ist unter 25 Grad")
}
```

Alternativen

```
if temp > 25 {
    print("Es ist über 25 Grad")
} else if temp == 25 {
    print("Es ist 25 Grad")
} else {
    print("Es ist unter 25 Grad")
}
```

A5 - Schleifen

for-in-Schleifen

```
for zahl in 1...5 {
  print(zahl)
}
```

while-Schleifen

```
var i = 1
while i <= 5 {
  print(i)
  i = i+1
}
```

repeat-Schleifen

```
var i = 0
repeat {
  i = i+1
  print(i)
}
while i < 5
```

16795579R00064

Printed in Poland
by Amazon Fulfillment
Poland Sp. z o.o., Wrocław